LÉONARD

LÉONARD

8

COUP DE GÉNIE

scénario : de groot – dessin : turk

COULEURS : KAËL

LE LOMBARD
BRUXELLES

LÉONARD

DÉJÀ 51 TITRES INVENTÉS !

4 HORS-SÉRIES

PEFC recyclé
Ce produit est issu de sources recyclées et contrôlées.
PEFC
PEFC/46-31-13
www.pefc-france.org

D/2006/0086/170
ISBN 978-2-8036-1706-7

R 05/2021

Dépôt légal : octobre 2006
Achevé d'imprimer en avril 2021.
Imprimé et relié en Roumanie
par ROTOLITO ROMANIA,
Str. Cernica, Nr. 61, Oras, Pantelimon,
077145 Bucuresti

LES ÉDITIONS DU LOMBARD
7, AVENUE PAUL-HENRI SPAAK
1060 BRUXELLES - BELGIQUE

WWW.LELOMBARD.COM

C'est pas de la tarte

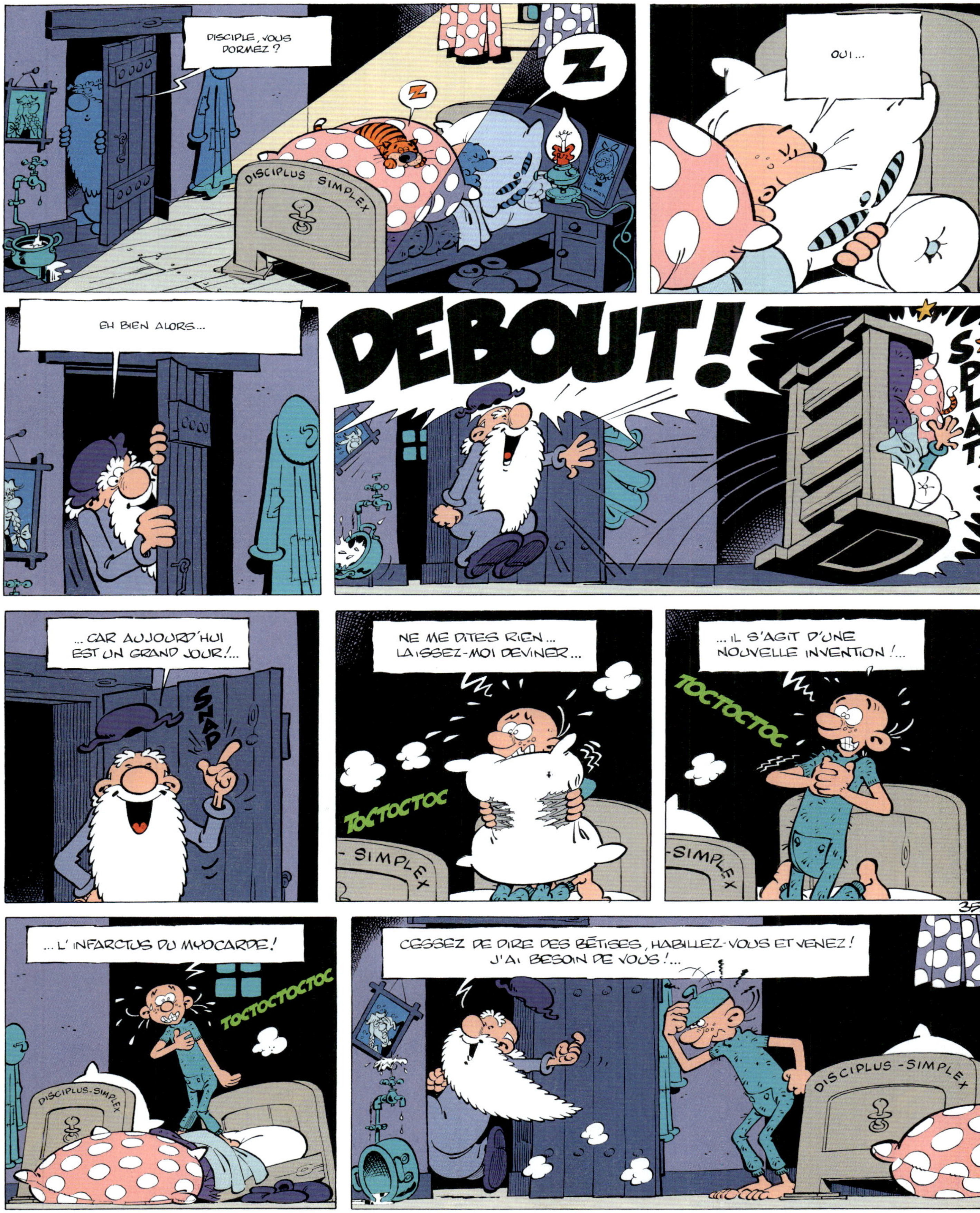

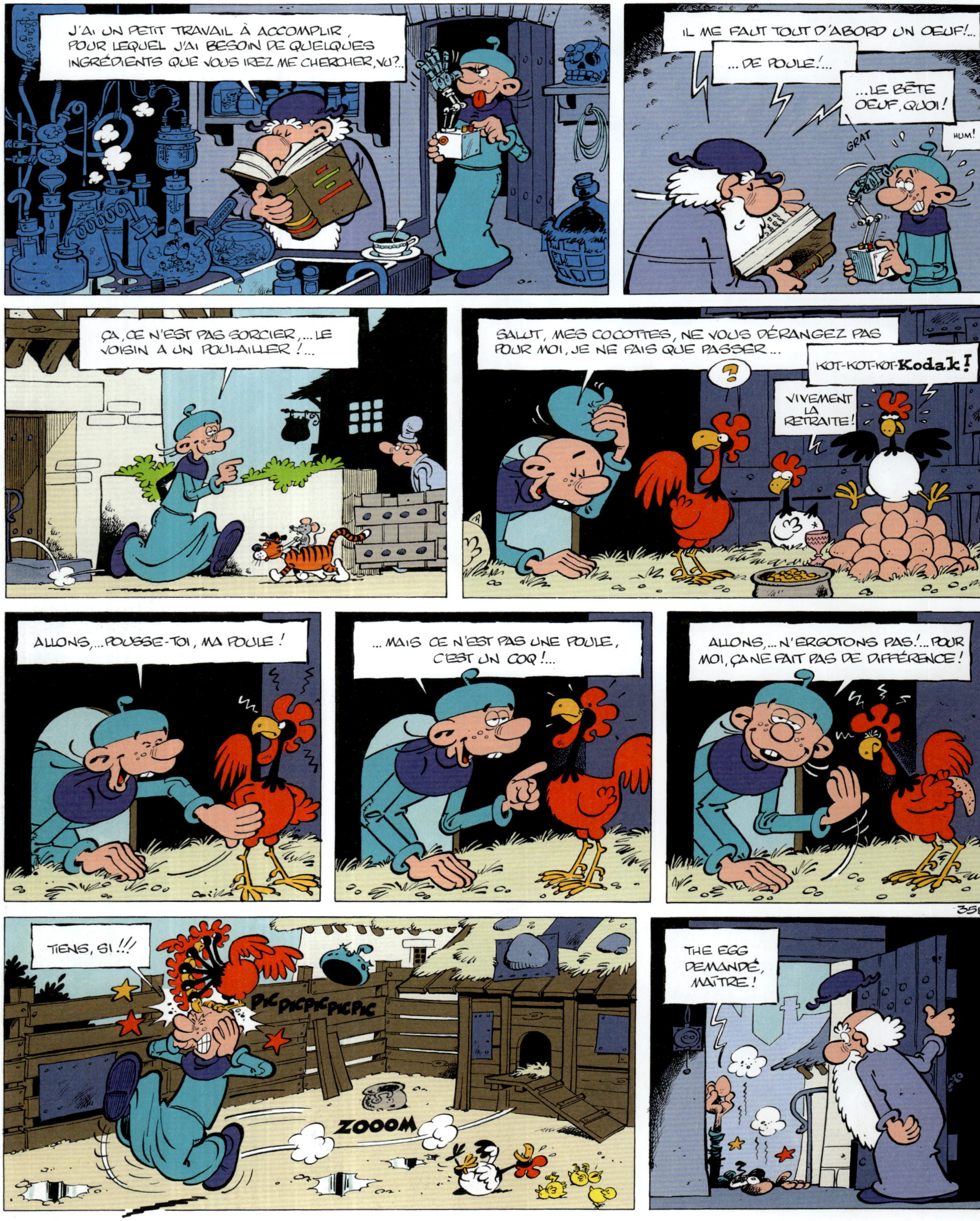
J'AI UN PETIT TRAVAIL À ACCOMPLIR, POUR LEQUEL J'AI BESOIN DE QUELQUES INGRÉDIENTS QUE VOUS IREZ ME CHERCHER, VU?..
IL ME FAUT TOUT D'ABORD UN OEUF!...
... DE POULE!...
...LE BÊTE OEUF, QUOI!
GRAT
HUM!
ÇA, CE N'EST PAS SORCIER,... LE VOISIN A UN POULAILLER!...
SALUT, MES COCOTTES, NE VOUS DÉRANGEZ PAS POUR MOI, JE NE FAIS QUE PASSER...
?
KOT-KOT-KOT-Kodak!
VIVEMENT LA RETRAITE!
ALLONS,... POUSSE-TOI, MA POULE!
...MAIS CE N'EST PAS UNE POULE, C'EST UN COQ!...
ALLONS,... N'ERGOTONS PAS!... POUR MOI, ÇA NE FAIT PAS DE DIFFÉRENCE!
35B.
TIENS, SI!!!
PIC PICPIC PICPIC
ZOOOM
THE EGG DEMANDÉ, MAÎTRE!

VOILÀ QU'IL LUI FAUT DU LAIT, À PRÉSENT!
LA VACHE DU PÈRE MATHIEU FERA L'AFFAIRE!
TIENS, MON GÉNIAL MAÎTRE A ÉLECTRIFIÉ LA CLÔTURE DU PÈRE MATHIEU!
SKRITCH!!!!!!
OÙ VA-T-IL DONC CHERCHER TOUT ÇA?
ALLONS, ...AU BOULOT!
MEUH!
Y A PAS DE MEUH QUI TIENNE!
...LE TOUT EST DE NE PAS RENVERSER LE PEU DE LAIT QUE J'AI RÉUSSI À LUI PRENDRE!...
SHOT
PLUS TARD...
DISCIPLE, JE N'AI PAS OUBLIÉ QU'IL Y A JUSTE UN AN QUE VOUS TRAVAILLEZ POUR MOI, ...JOUR POUR JOUR!...
AUSSI, J'AI PENSÉ QU'UN PETIT GÂTEAU, POUR LEQUEL JE VOUS AVAIS ENVOYÉ CHERCHER UN OEUF ET DU LAIT...
35 C
NON MAIS ÇA, C'EST LA MEILLEURE!... ON SE DÉVOUE, ON A UNE ATTENTION DÉLICATE ET PAS LE MOINDRE REMERCIEMENT!
...J'AI BIEN ENVIE DE LE LUI COLLER QUELQUE PART, MOI, CE GÂTEAU!...
TURK & DE GROOT
FIN

La preuve par l'œuf

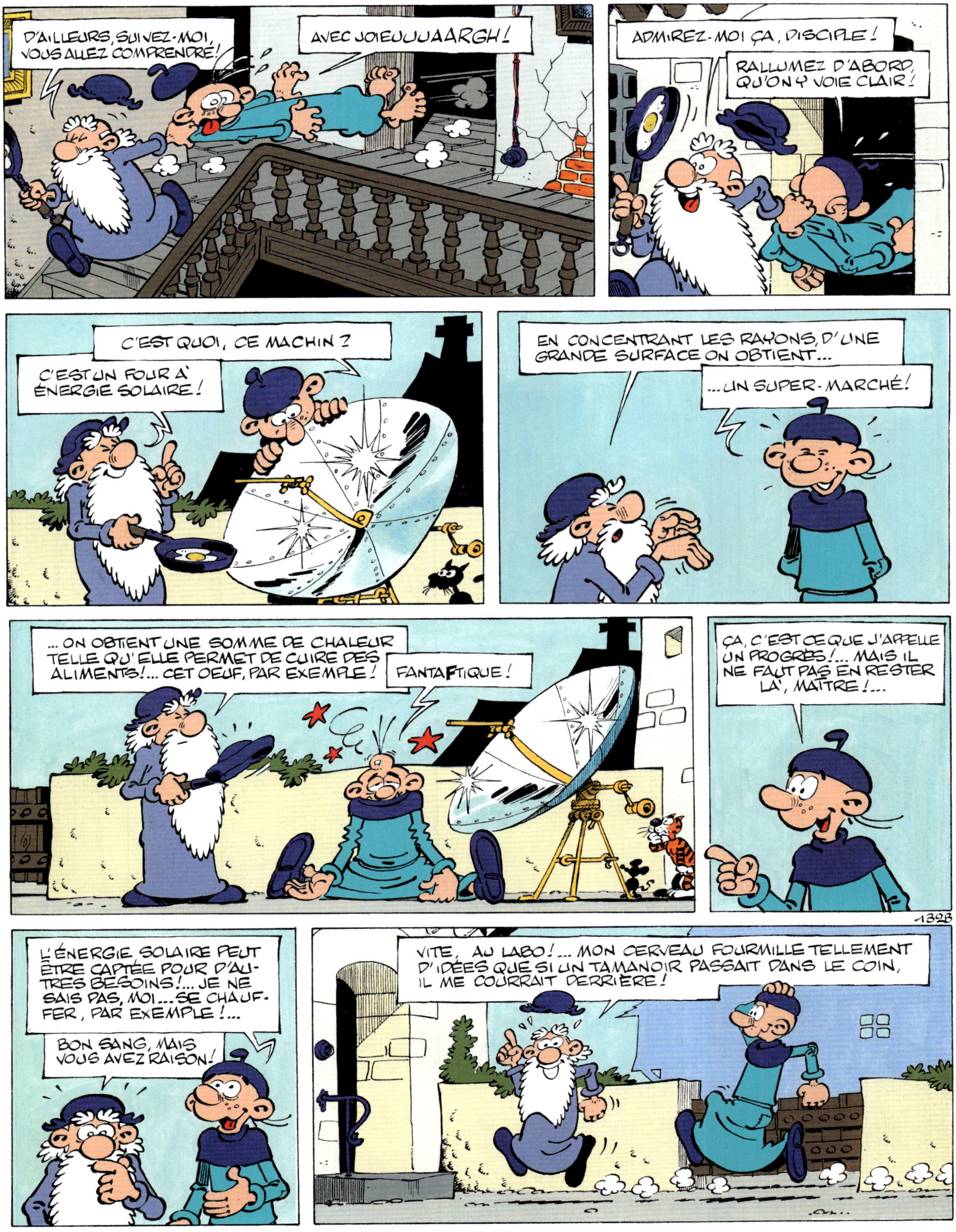
D'AILLEURS, SUIVEZ-MOI, VOUS ALLEZ COMPRENDRE!
AVEC JOIEUUUAARGH!
ADMIREZ-MOI ÇA, DISCIPLE!
RALLUMEZ D'ABORD, QU'ON Y VOIE CLAIR!
C'EST QUOI, CE MACHIN?
C'EST UN FOUR À ÉNERGIE SOLAIRE!
EN CONCENTRANT LES RAYONS D'UNE GRANDE SURFACE ON OBTIENT...
...UN SUPER-MARCHÉ!
...ON OBTIENT UNE SOMME DE CHALEUR TELLE QU'ELLE PERMET DE CUIRE DES ALIMENTS!... CET OEUF, PAR EXEMPLE!
FANTAFTIQUE!
ÇA, C'EST CE QUE J'APPELLE UN PROGRÈS!... MAIS IL NE FAUT PAS EN RESTER LÀ, MAÎTRE!...
1323
L'ÉNERGIE SOLAIRE PEUT ÊTRE CAPTÉE POUR D'AUTRES BESOINS!... JE NE SAIS PAS, MOI... SE CHAUFFER, PAR EXEMPLE!...
BON SANG, MAIS VOUS AVEZ RAISON!
VITE, AU LABO!... MON CERVEAU FOURMILLE TELLEMENT D'IDÉES QUE SI UN TAMANOIR PASSAIT DANS LE COIN, IL ME COURRAIT DERRIÈRE!

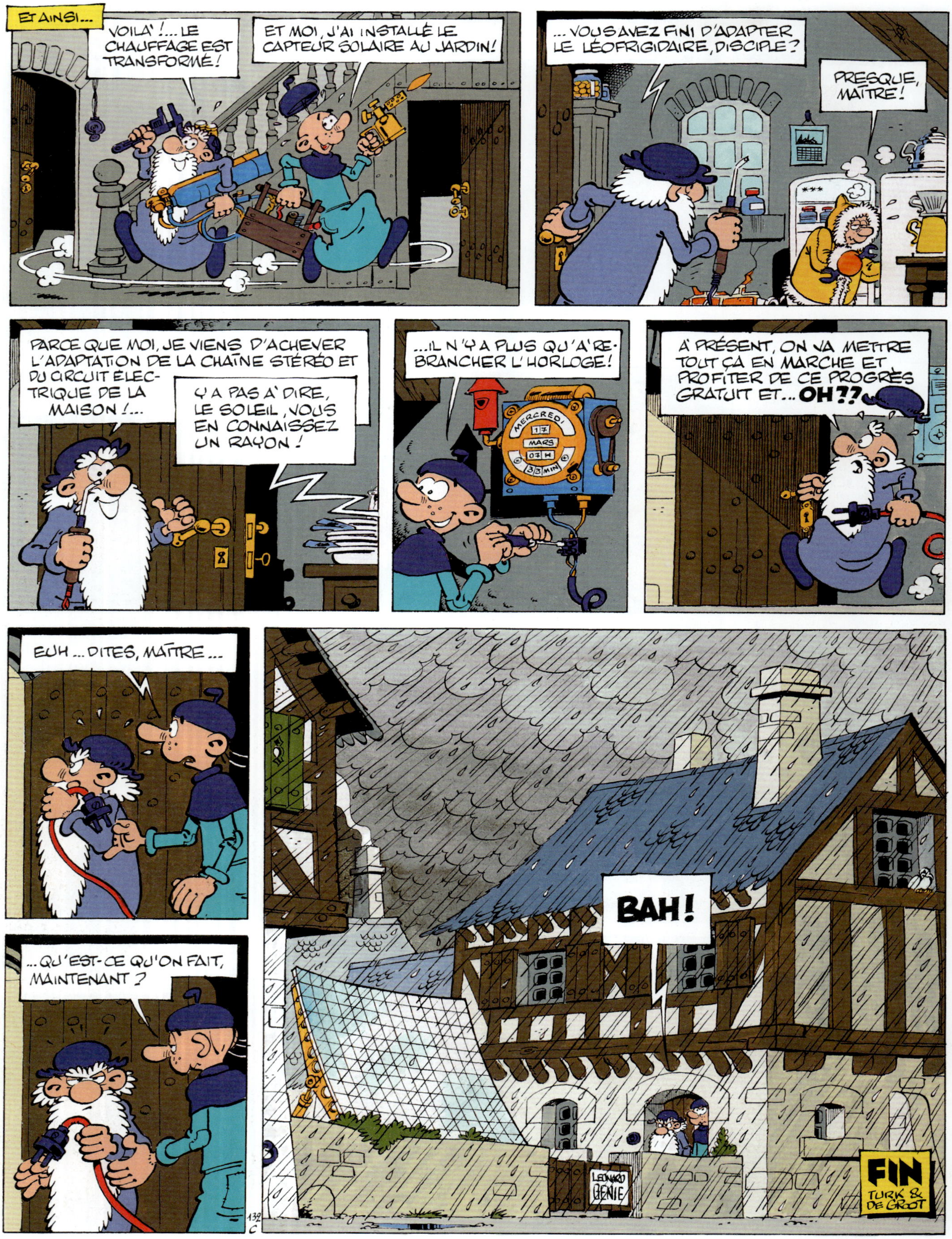
ET AINSI...
VOILÀ !... LE CHAUFFAGE EST TRANSFORMÉ !
ET MOI, J'AI INSTALLÉ LE CAPTEUR SOLAIRE AU JARDIN !
... VOUS AVEZ FINI D'ADAPTER LE LÉOFRIGIDAIRE, DISCIPLE ?
PRESQUE, MAÎTRE !
PARCE QUE MOI, JE VIENS D'ACHEVER L'ADAPTATION DE LA CHAÎNE STÉRÉO ET DU CIRCUIT ÉLECTRIQUE DE LA MAISON !...
Y A PAS À DIRE, LE SOLEIL, VOUS EN CONNAISSEZ UN RAYON !
...IL N'Y A PLUS QU'À REBRANCHER L'HORLOGE !
MERCREDI
17
MARS
07 H
33 MIN
À PRÉSENT, ON VA METTRE TOUT ÇA EN MARCHE ET PROFITER DE CE PROGRÈS GRATUIT ET... OH ??
EUH ... DITES, MAÎTRE ...
... QU'EST-CE QU'ON FAIT, MAINTENANT ?
BAH !
LÉONARD GÉNIE
FIN
TURK & DE GROOT

...
PLUS QU'À PROCÉDER AUX ESSAIS !... ALLONS CHERCHER CE QUI ME SERT DE DISCIPLE...
don't disturb
DISCIPLUS-SIMPLEX
135A

DISCIPLUS-SIMPLEX
DISCIPLU
DIS
US-SIMPLEX
SIMPLEX
1358.
AUCUN INTÉRÊT, CETTE INVENTION!
Mange Bruit
FIN
TURK &
DE GROOT

Wagon eh patate !

...ATTENDEZ QUE J'AIE INVENTÉ LA LOCOMOTIVE ET VOUS VERREZ COMME C'EST AGRÉABLE DE VOYAGER EN WAGON - RESTAURANT !
1
RESTAURANT
TOUGOUDOUG TOUGOUDOUG TOUGOUDOUG
FIN
TURK & DE GROOT 134 B

Une heure du patin

Le pot rouge

Z
Z
LÉOVOX
LÉOVOX
KRR
CHER DISCIPLE DEBOUT CAR LA RECHERCHE EST NOTRE JOIE! QUAND NOUS TENONS L' BON BOUT, LA DÉCOUVERTE NOUS LAISSE SANS VOIX! ✲
OÙ... OÙ SUIS-JE ?...
À MON SERVICE !...
✲ HYMNE INTERNATIONAL DE LA RECHERCHE SCIENTIFIQUE...
117 A
... ET JE SENS QUE MA TÊTE ET VOS BRAS VONT UNE FOIS DE PLUS COLLABORER AFIN DE FAIRE PROGRESSER L'HUMANITÉ D'UN BOND QUE JE QUALIFIERAI D'ESSENTIEL !
ET ÇA VEUT DIRE QUOI, TOUT ÇA, EN CLAIR ?...
ÇA VEUT DIRE QUE JE VAIS RÉINVENTER LA SCULPTURE ET QUE POUR ABATTRE L'ARBRE QUI SE TROUVE AU FOND DU JARDIN, VOUS AVEZ DOUZE SECONDES! ...
... MAIS NE VOUS METTEZ PAS MARTEL EN TÊTE, JE M'EN CHARGE !
TAP TAP

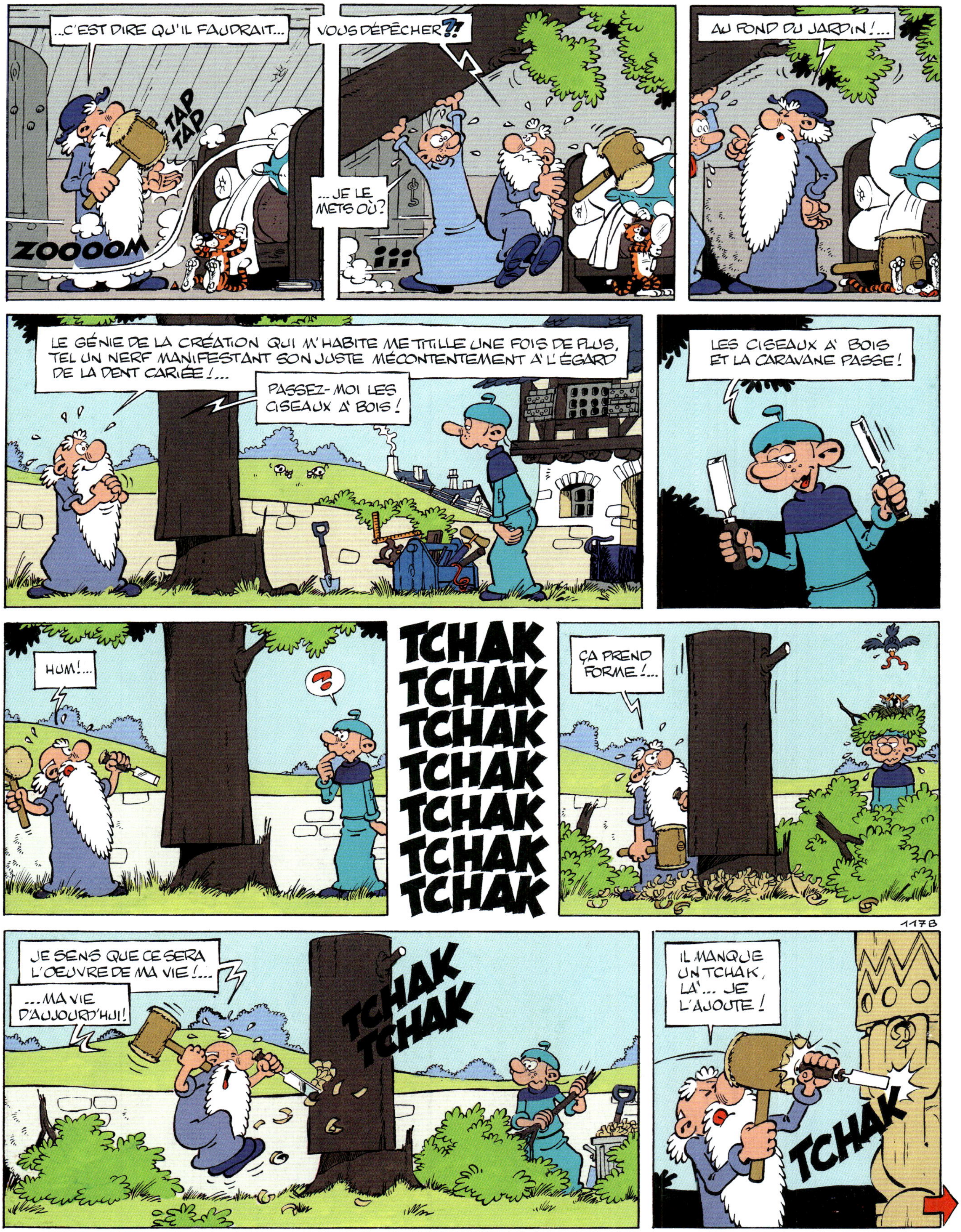
...C'EST DIRE QU'IL FAUDRAIT...
TAP TAP
ZOOOOM
VOUS DÉPÊCHER ?!
...JE LE METS OÙ?
AU FOND DU JARDIN !...
LE GÉNIE DE LA CRÉATION QUI M'HABITE ME TITILLE UNE FOIS DE PLUS, TEL UN NERF MANIFESTANT SON JUSTE MÉCONTENTEMENT À L'ÉGARD DE LA DENT CARIÉE !...
PASSEZ-MOI LES CISEAUX À BOIS !
LES CISEAUX À BOIS ET LA CARAVANE PASSE !
HUM !...
?
TCHAK TCHAK TCHAK TCHAK TCHAK TCHAK TCHAK
ÇA PREND FORME !...
1178
JE SENS QUE CE SERA L'OEUVRE DE MA VIE !...
...MA VIE D'AUJOURD'HUI !
TCHAK TCHAK
IL MANQUE UN TCHAK, LÀ... JE L'AJOUTE !
TCHAK

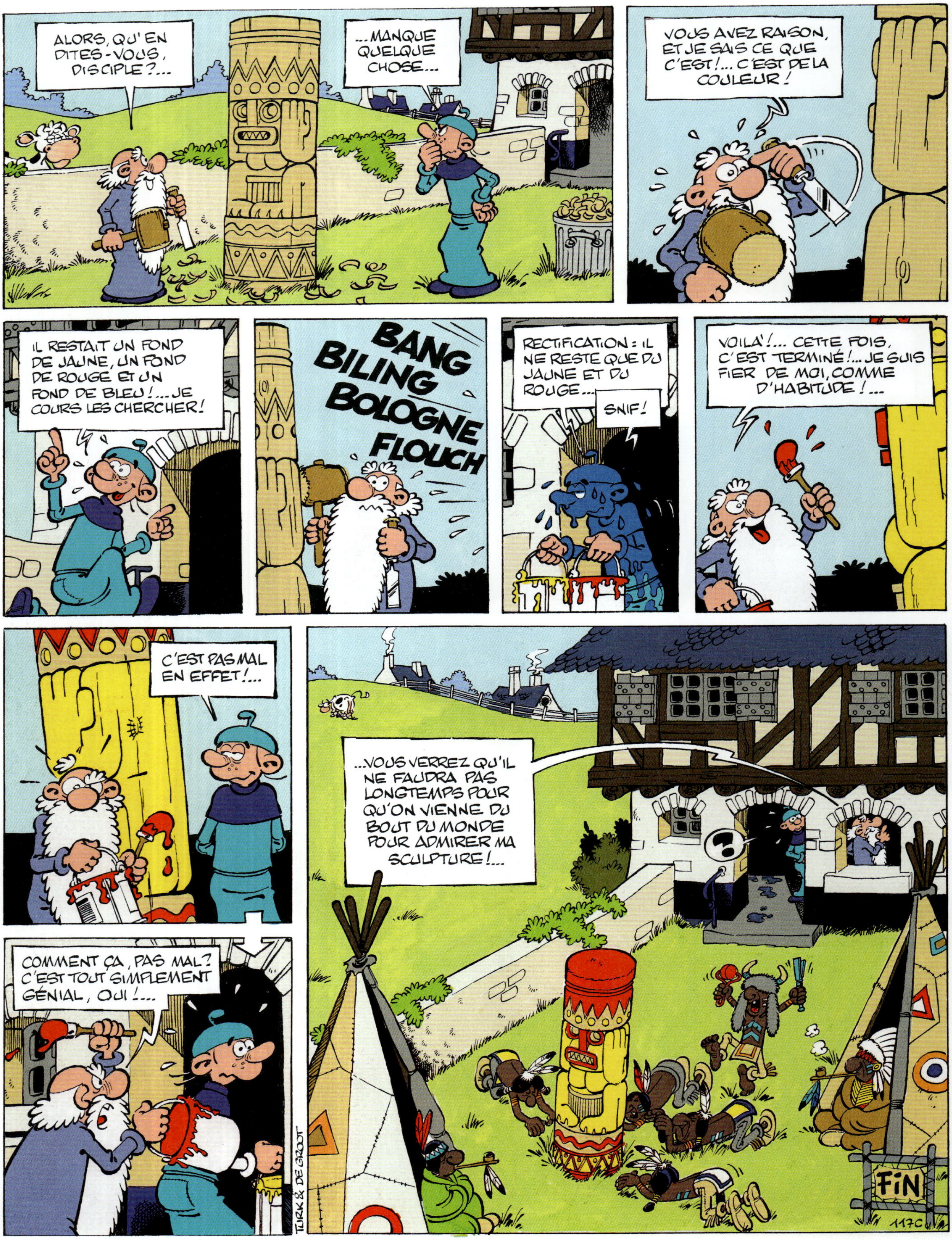
ALORS, QU'EN DITES-VOUS, DISCIPLE ?...
...MANQUE QUELQUE CHOSE...
VOUS AVEZ RAISON, ET JE SAIS CE QUE C'EST !... C'EST DE LA COULEUR !
IL RESTAIT UN FOND DE JAUNE, UN FOND DE ROUGE ET UN FOND DE BLEU !... JE COURS LES CHERCHER !
BANG BILING BOLOGNE FLOUCH
RECTIFICATION : IL NE RESTE QUE DU JAUNE ET DU ROUGE...
SNIF !
VOILÀ !... CETTE FOIS, C'EST TERMINÉ !... JE SUIS FIER DE MOI, COMME D'HABITUDE !...
C'EST PAS MAL EN EFFET !...
COMMENT ÇA, PAS MAL ? C'EST TOUT SIMPLEMENT GÉNIAL, OUI !...
TURK & DE GROOT
...VOUS VERREZ QU'IL NE FAUDRA PAS LONGTEMPS POUR QU'ON VIENNE DU BOUT DU MONDE POUR ADMIRER MA SCULPTURE !...
?
FIN
117C

Du fond la joie

Idée fumeuse

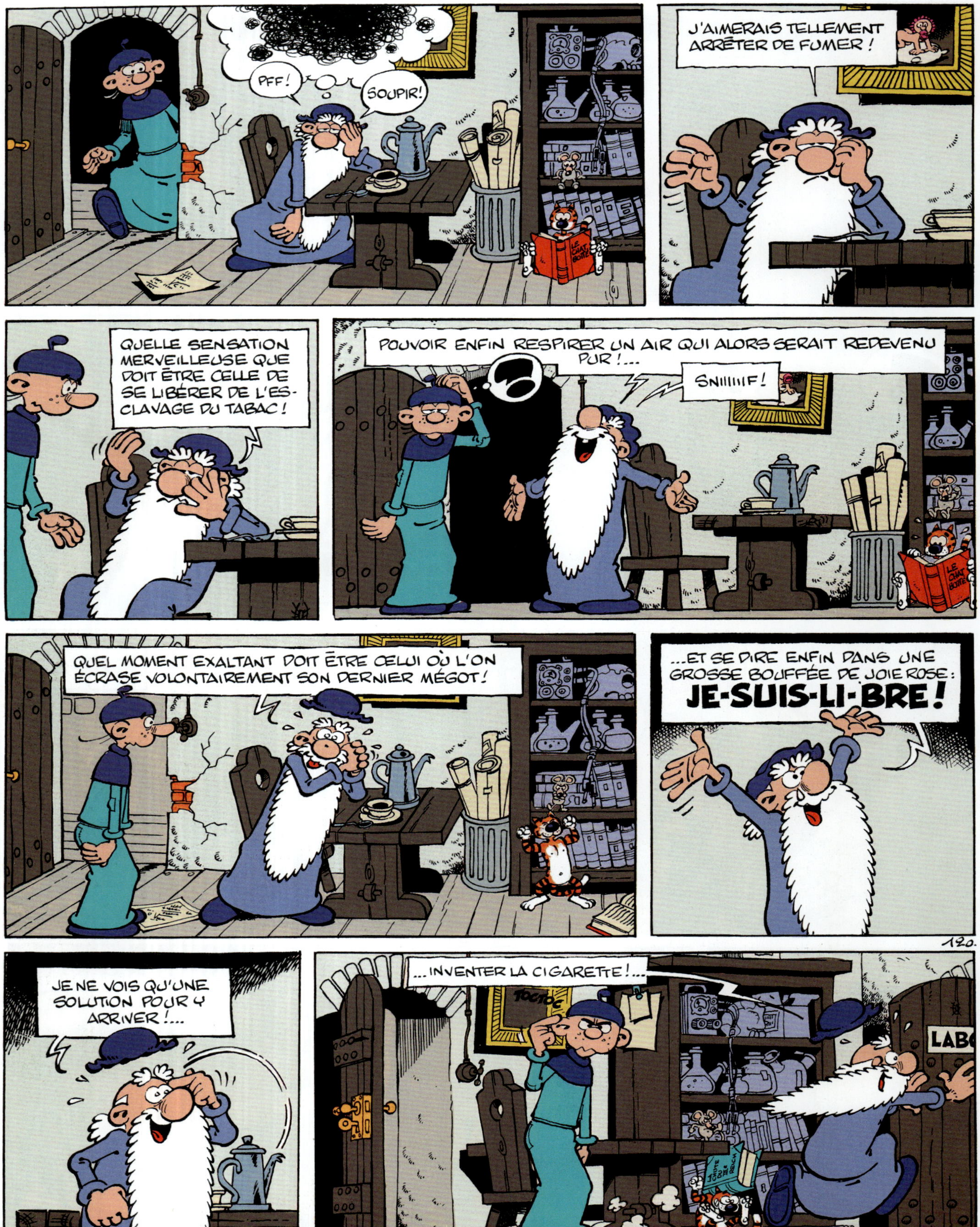

À la va comme je te mousse

Pousse-pousse

Ça pique !

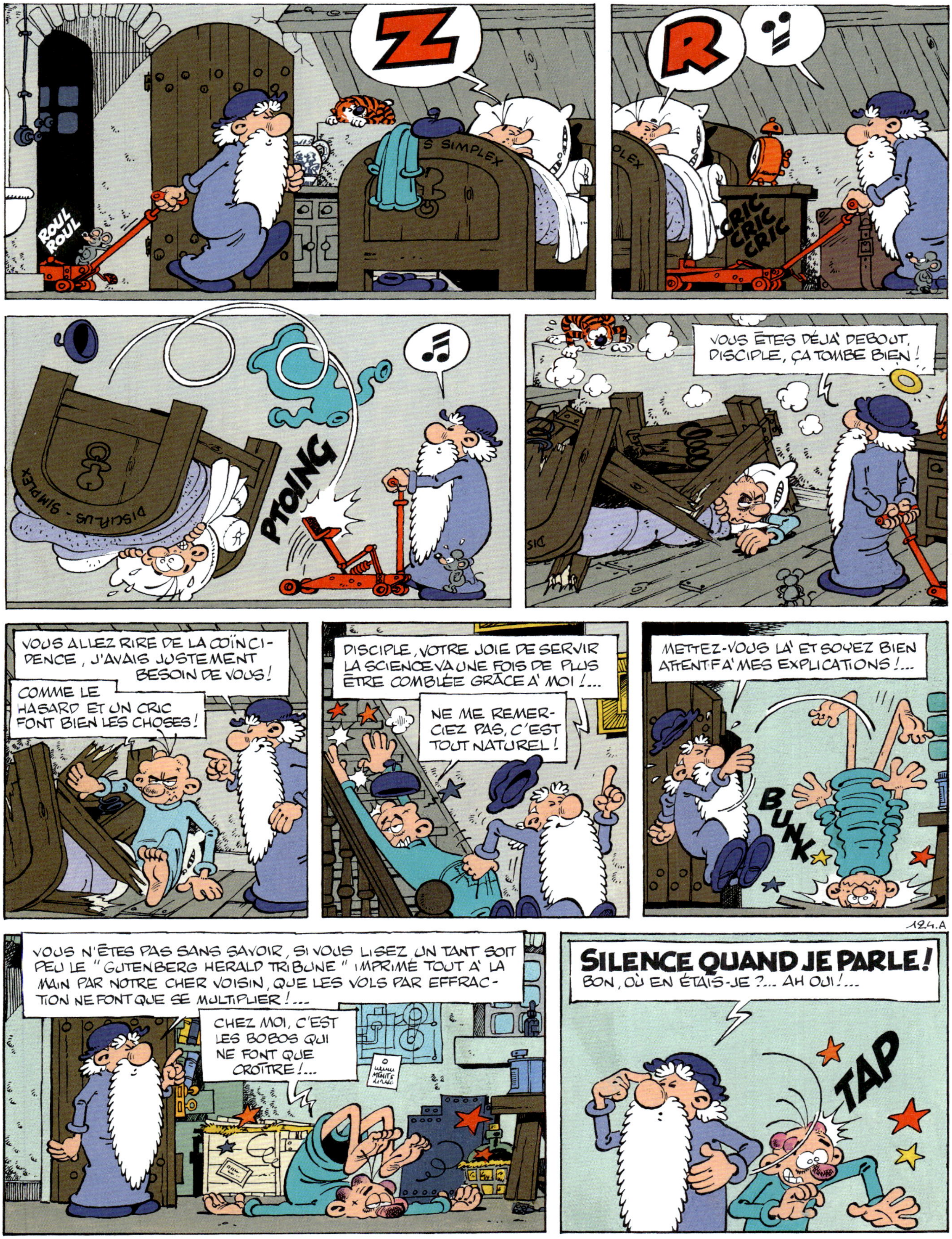
Z
ROUL ROUL
S SIMPLEX
R
PLEX
CRIC CRIC CRIC
DISCIPLUS - SIMPLEX
PTOING
VOUS ÊTES DÉJÀ DEBOUT, DISCIPLE, ÇA TOMBE BIEN !
VOUS ALLEZ RIRE DE LA COÏNCIDENCE, J'AVAIS JUSTEMENT BESOIN DE VOUS !
COMME LE HASARD ET UN CRIC FONT BIEN LES CHOSES !
DISCIPLE, VOTRE JOIE DE SERVIR LA SCIENCE VA UNE FOIS DE PLUS ÊTRE COMBLÉE GRÂCE À MOI !...
NE ME REMERCIEZ PAS, C'EST TOUT NATUREL !
METTEZ-VOUS LÀ ET SOYEZ BIEN ATTENTIF À MES EXPLICATIONS !...
BUNK
124.A
VOUS N'ÊTES PAS SANS SAVOIR, SI VOUS LISEZ UN TANT SOIT PEU LE "GUTENBERG HERALD TRIBUNE" IMPRIMÉ TOUT À LA MAIN PAR NOTRE CHER VOISIN, QUE LES VOLS PAR EFFRACTION NE FONT QUE SE MULTIPLIER !...
CHEZ MOI, C'EST LES BOBOS QUI NE FONT QUE CROÎTRE !...
SILENCE QUAND JE PARLE !
BON, OÙ EN ÉTAIS-JE ?... AH OUI !...
TAP

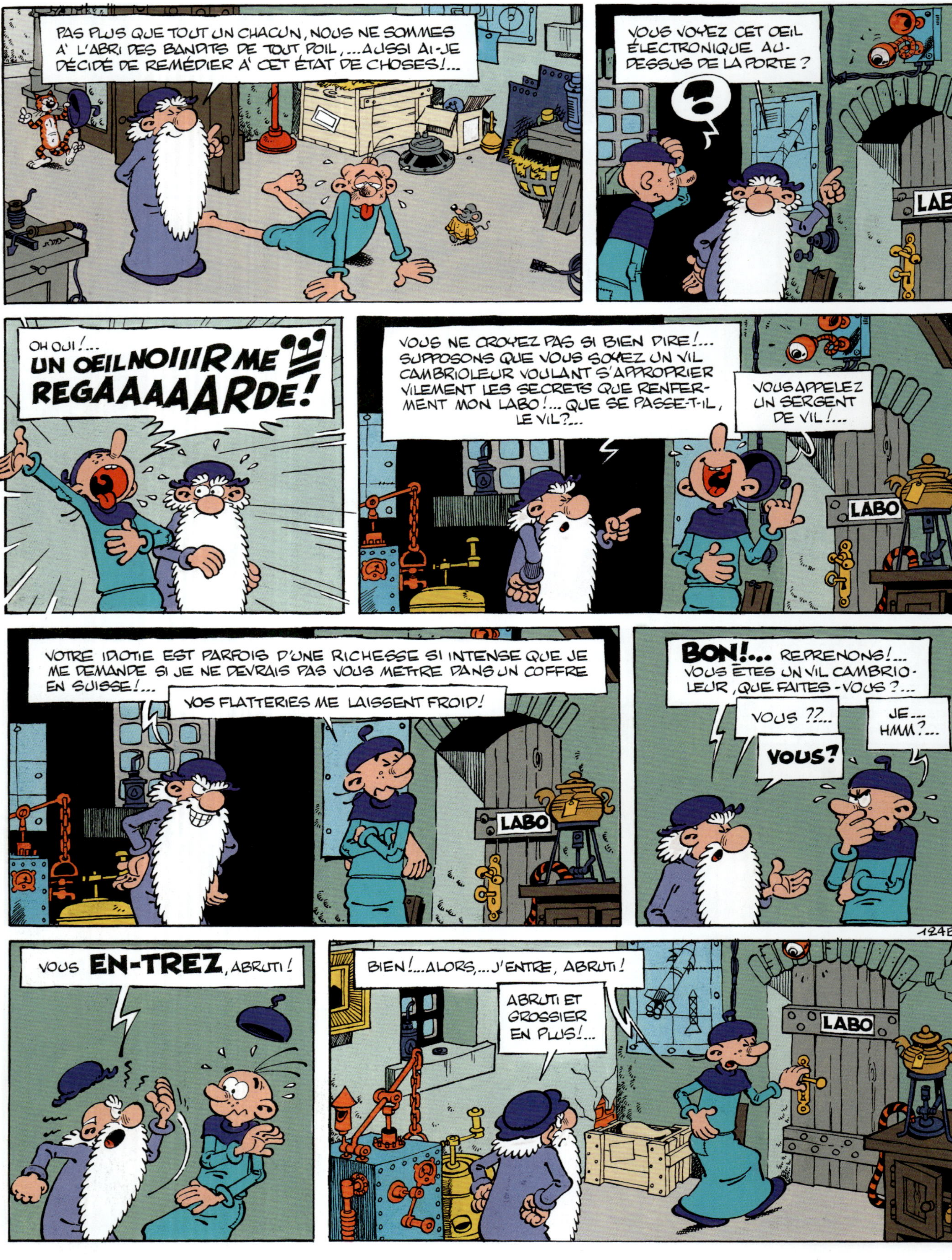

PAS PLUS QUE TOUT UN CHACUN, NOUS NE SOMMES A L'ABRI DES BANDITS DE TOUT POIL, ...AUSSI AI-JE DÉCIDÉ DE REMÉDIER A CET ÉTAT DE CHOSES!...
VOUS VOYEZ CET OEIL ÉLECTRONIQUE AU-DESSUS DE LA PORTE?
LAB
OH OUI!... UN OEIL NOIIIR ME REGAAAAARDE!
VOUS NE CROYEZ PAS SI BIEN DIRE!... SUPPOSONS QUE VOUS SOYEZ UN VIL CAMBRIOLEUR VOULANT S'APPROPRIER VILEMENT LES SECRETS QUE RENFERMENT MON LABO!... QUE SE PASSE-T-IL, LE VIL?...
VOUS APPELEZ UN SERGENT DE VIL!...
LABO
VOTRE IDIOTIE EST PARFOIS D'UNE RICHESSE SI INTENSE QUE JE ME DEMANDE SI JE NE DEVRAIS PAS VOUS METTRE DANS UN COFFRE EN SUISSE!...
VOS FLATTERIES ME LAISSENT FROID!
LABO
BON!... REPRENONS!... VOUS ÊTES UN VIL CAMBRIOLEUR, QUE FAITES-VOUS?...
VOUS ??...
JE... HMM?...
VOUS?
VOUS EN-TREZ, ABRUTI!
BIEN!... ALORS,... J'ENTRE, ABRUTI!
ABRUTI ET GROSSIER EN PLUS!...
LABO

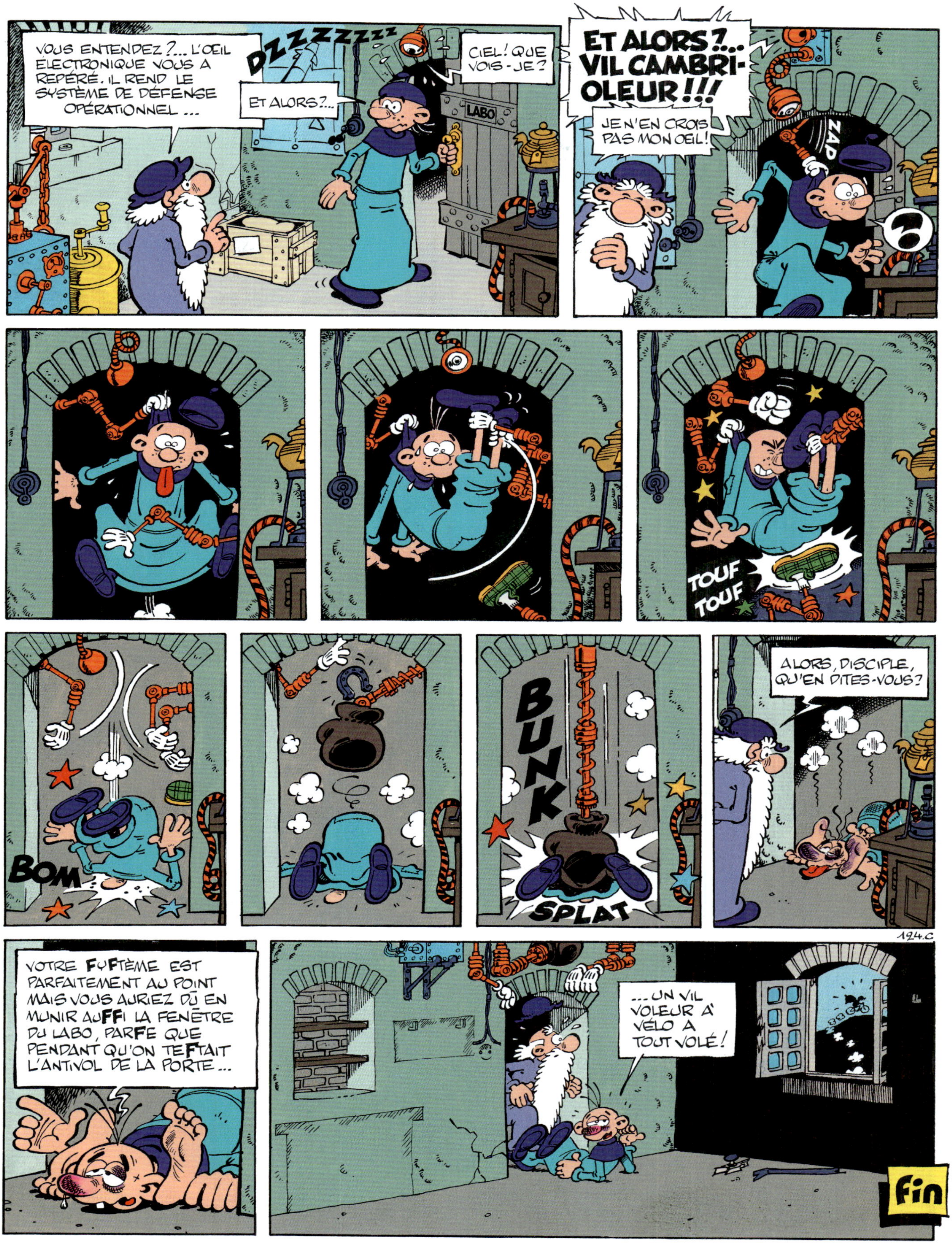
VOUS ENTENDEZ ?... L'OEIL ÉLECTRONIQUE VOUS A REPÉRÉ. IL REND LE SYSTÈME DE DÉFENSE OPÉRATIONNEL ...
DZZZZZZZ
ET ALORS ?...
CIEL ! QUE VOIS-JE ?
LABO
ET ALORS ?... VIL CAMBRIOLEUR !!!
JE N'EN CROIS PAS MON OEIL !
ZAP
TOUF TOUF
BOM
BUNK
SPLAT
ALORS, DISCIPLE, QU'EN DITES-VOUS ?
124.C
VOTRE FYFTÈME EST PARFAITEMENT AU POINT MAIS VOUS AURIEZ DÛ EN MUNIR AUFFI LA FENÊTRE DU LABO, PARFE QUE PENDANT QU'ON TEFTAIT L'ANTIVOL DE LA PORTE ...
... UN VIL VOLEUR À VÉLO A TOUT VOLÉ !
Fin

C'est pas moi, c'est l'huis !

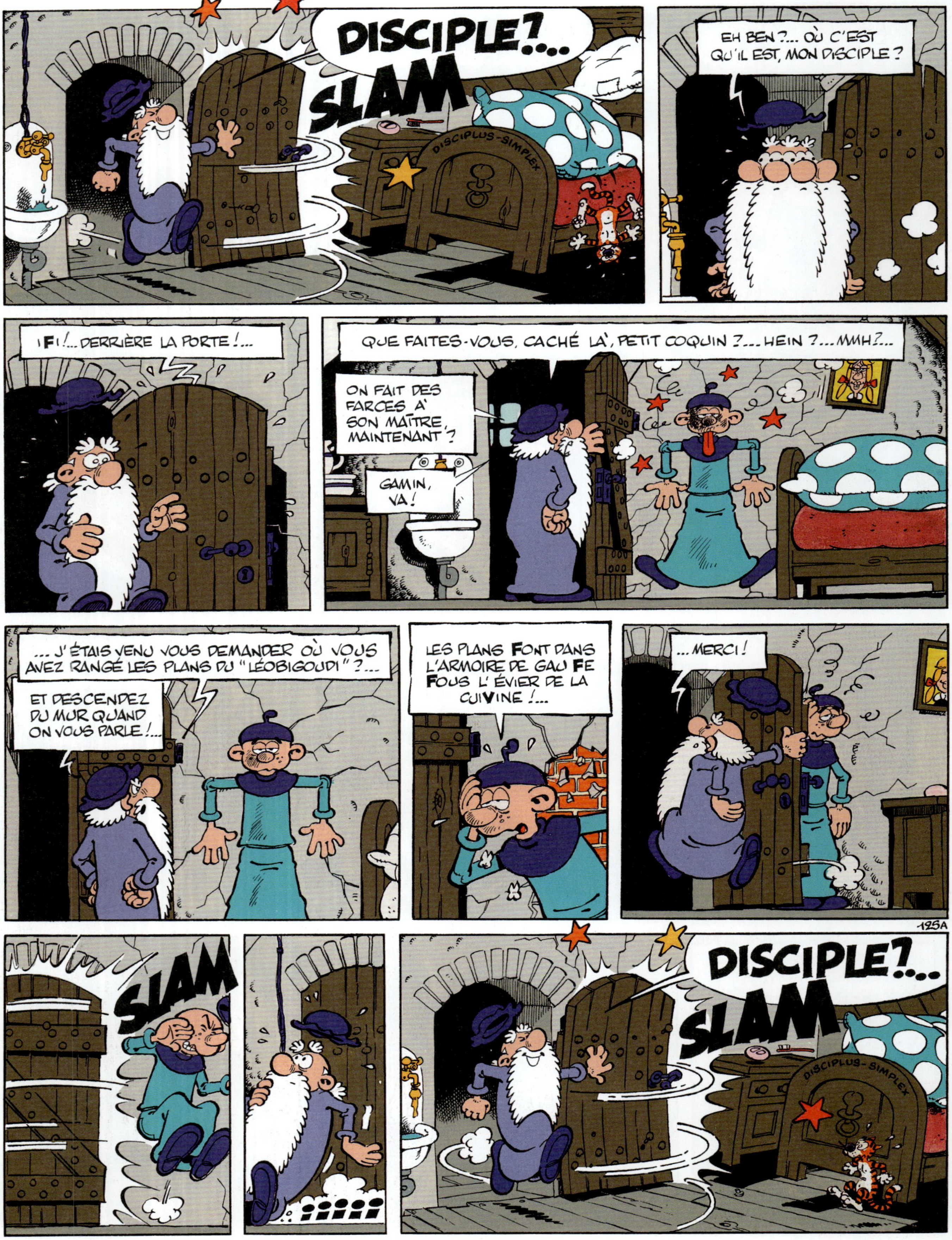

JE NE ME SOUVIENS PLUS SI C'EST L'ARMOIRE DE DROITE OU DE GAUCHE !...
F'EST FELLE DE GAU FE ...
VE FOU FFRE ! ...
ÉNORME BOBO !
MERCI !
SLAM
DISCIPLUS-SIMPLEX
BOM
DISCIPLE !
¡¡¡¡
SLAM
125 B
IL VA FALLOIR TROUVER UN FYFTÈME D'OUVRE-PORTE POUR ÉVITER FE VENRE D'INFIDENTS ! ...
VE M'Y METS TOUT DE FUITE !
PLUS TARD...
... ET VOILÀ ! ... CETTE DERNIÈRE SOUDURE SERA LE TRAIT D'UNION ENTRE MON GÉNIE ET L'HABILETÉ QUE J'AI POUR RÉALISER TOUTE CHOSE !
POIL À LA SCOLIOSE !
DZZZ

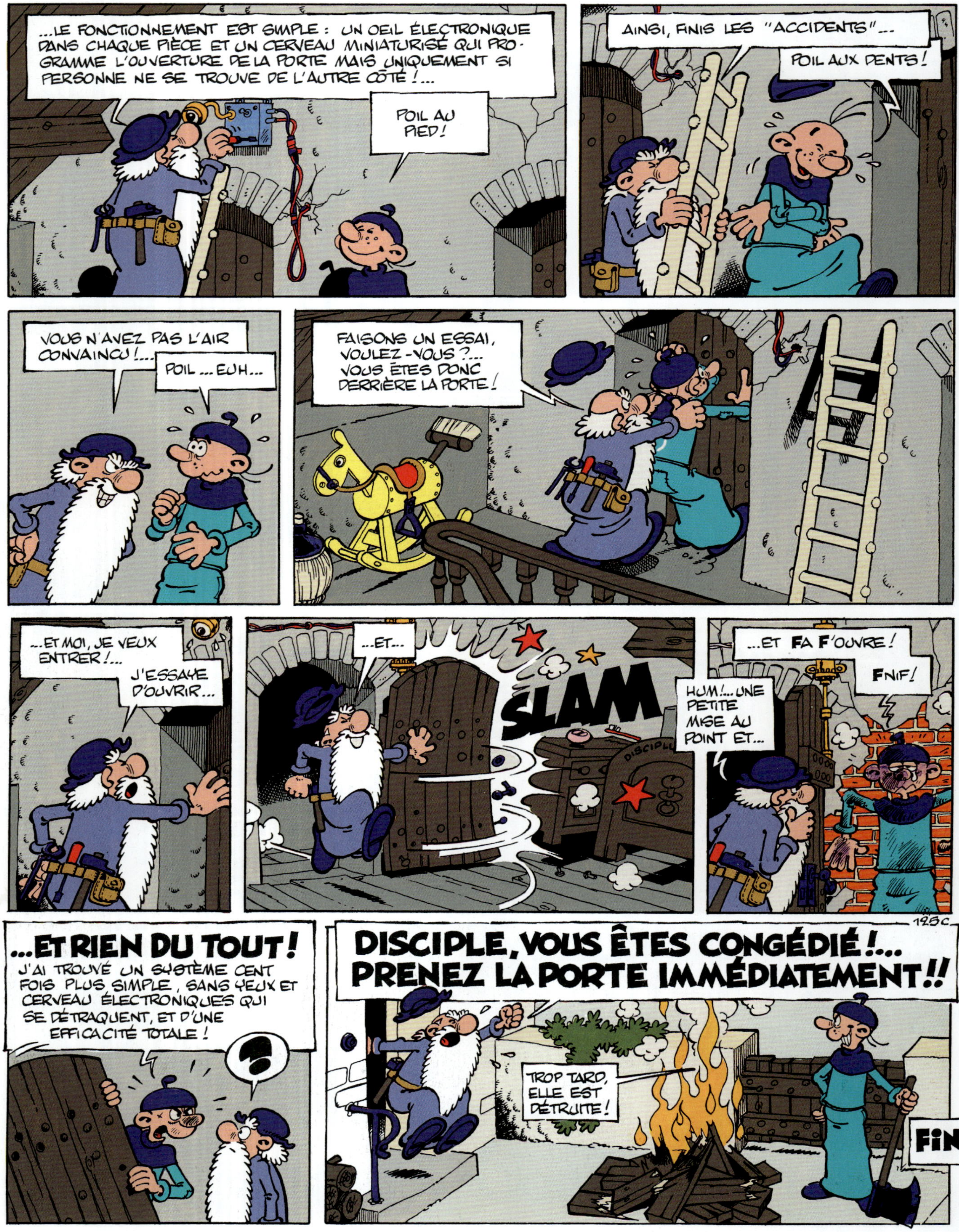
...LE FONCTIONNEMENT EST SIMPLE : UN OEIL ÉLECTRONIQUE DANS CHAQUE PIÈCE ET UN CERVEAU MINIATURISÉ QUI PROGRAMME L'OUVERTURE DE LA PORTE MAIS UNIQUEMENT SI PERSONNE NE SE TROUVE DE L'AUTRE CÔTÉ !...
POIL AU PIED !
AINSI, FINIS LES "ACCIDENTS"...
POIL AUX DENTS !
VOUS N'AVEZ PAS L'AIR CONVAINCU !...
POIL ... EUH ...
FAISONS UN ESSAI, VOULEZ-VOUS ?... VOUS ÊTES DONC DERRIÈRE LA PORTE !
...ET MOI, JE VEUX ENTRER !...
J'ESSAYE D'OUVRIR...
...ET...
SLAM
...ET FA F'OUVRE !
FNIF !
HUM !... UNE PETITE MISE AU POINT ET...
...ET RIEN DU TOUT !
J'AI TROUVÉ UN SYSTÈME CENT FOIS PLUS SIMPLE, SANS YEUX ET CERVEAU ÉLECTRONIQUES QUI SE DÉTRAQUENT, ET D'UNE EFFICACITÉ TOTALE !
DISCIPLE, VOUS ÊTES CONGÉDIÉ !... PRENEZ LA PORTE IMMÉDIATEMENT !!
TROP TARD, ELLE EST DÉTRUITE !
FIN

Toujours le même qui casque !

D'engrais ou de force

Soucoupes volantes

Billets d'où ?

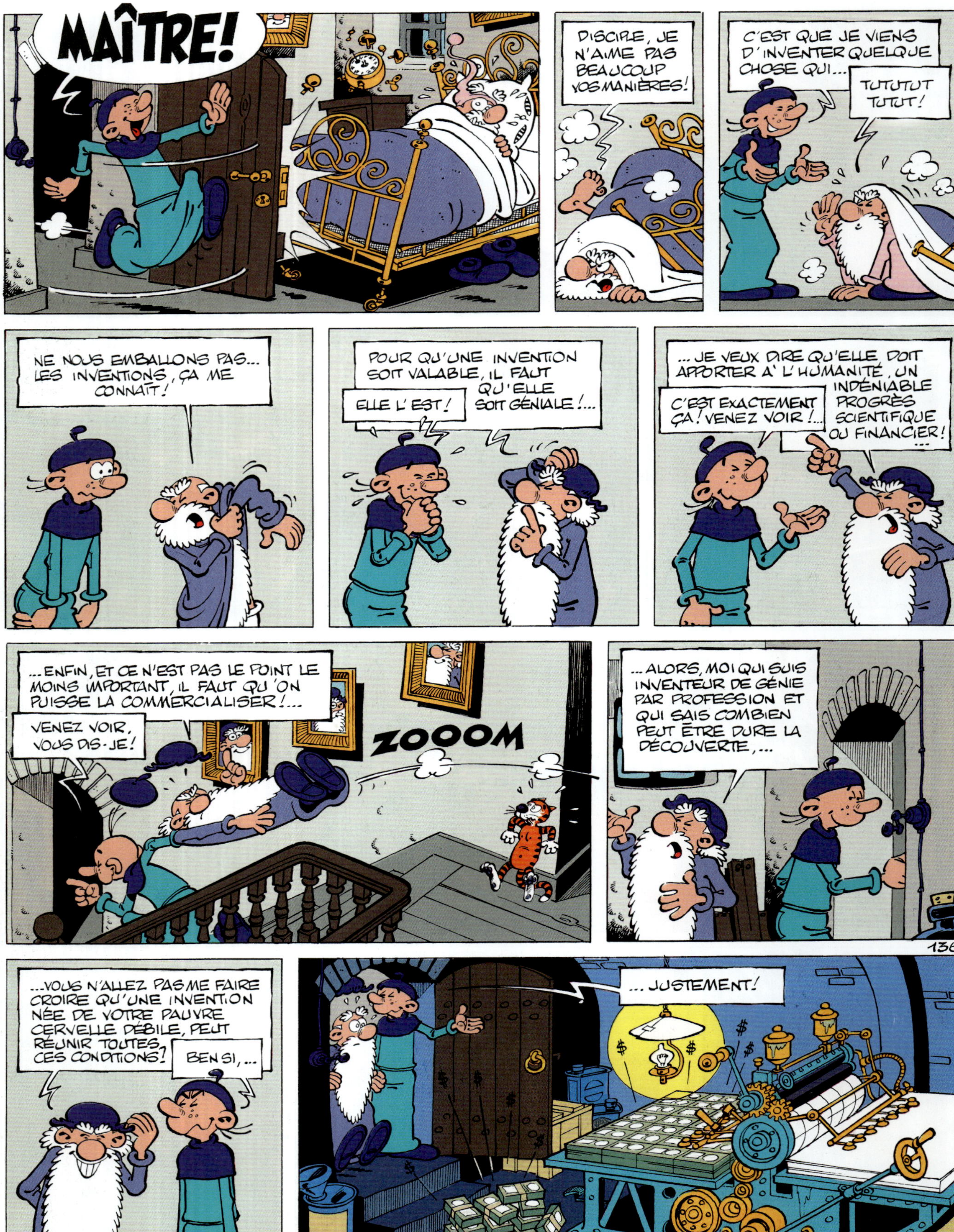
MAÎTRE!
DISCIPLE, JE N'AIME PAS BEAUCOUP VOS MANIÈRES!
C'EST QUE JE VIENS D'INVENTER QUELQUE CHOSE QUI...
TUTUTUT TUTUT!
NE NOUS EMBALLONS PAS... LES INVENTIONS, ÇA ME CONNAÎT!
POUR QU'UNE INVENTION SOIT VALABLE, IL FAUT QU'ELLE SOIT GÉNIALE!...
ELLE L'EST!
... JE VEUX DIRE QU'ELLE DOIT APPORTER À L'HUMANITÉ UN INDÉNIABLE PROGRÈS SCIENTIFIQUE OU FINANCIER!...
C'EST EXACTEMENT ÇA! VENEZ VOIR!...
... ENFIN, ET CE N'EST PAS LE POINT LE MOINS IMPORTANT, IL FAUT QU'ON PUISSE LA COMMERCIALISER!...
VENEZ VOIR, VOUS DIS-JE!
ZOOOM
... ALORS, MOI QUI SUIS INVENTEUR DE GÉNIE PAR PROFESSION ET QUI SAIS COMBIEN PEUT ÊTRE DURE LA DÉCOUVERTE,...
136.
... VOUS N'ALLEZ PAS ME FAIRE CROIRE QU'UNE INVENTION NÉE DE VOTRE PAUVRE CERVELLE DÉBILE, PEUT RÉUNIR TOUTES CES CONDITIONS!
BEN SI,...
... JUSTEMENT!

Bien frappé !

Z
Z
DISCIPLUS SIMPLEX
DISCIPLE, DEBOUT ! JE DOIS ECRIRE UNE LETTRE !... UN CURRICULUM VITAE À ENVOYER AU MINISTÈRE DES INVENTIONS !
QWA ?
DISCIPLUS-SIMPLEX
C'EST PAS VRAI, HEIN ?
MAIS SI !
BOUHOUHOU !
127A
ALLONS, ALLONS, CE SERA VITE FAIT !...
TAP TAP
BOM BOM
ON VOIT BIEN QUE CE N'EST PAS VOUS QUI COUREZ DERRIÈRE L'OIE POUR LUI ENLEVER UNE PLUME !...
ELLE N'AIME PAS DU TOUT ÇA, VOUS SAVEZ !...
ET ELLE ME LE FAIT BIEN COMPRENDRE !...

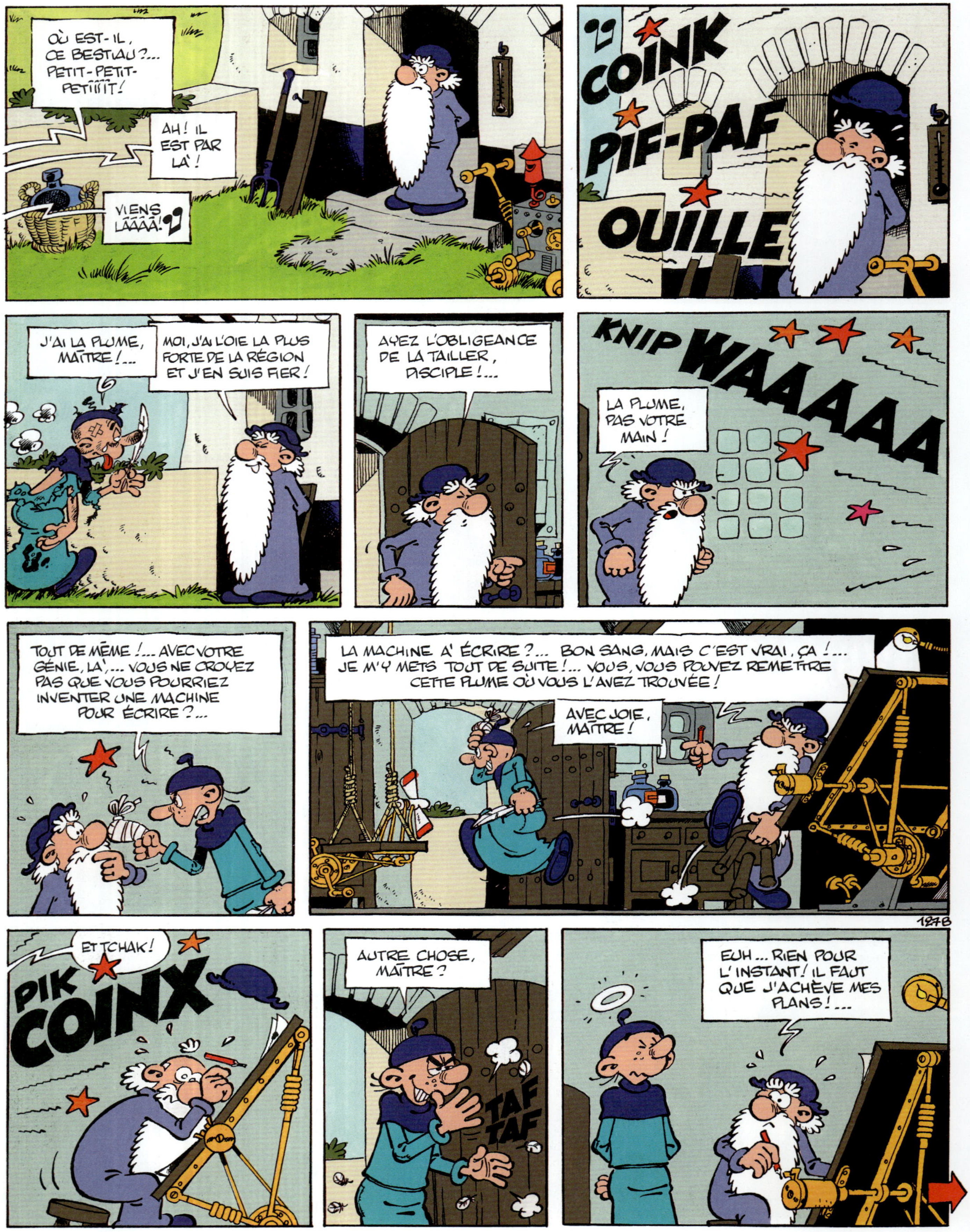
OÙ EST-IL, CE BESTIAU ?... PETIT-PETIT-PETIÎÎÎIT !
AH ! IL EST PAR LÀ !
VIENS LÂÂÂÂ !
COINK
PIF-PAF
OUILLE
J'AI LA PLUME, MAÎTRE !...
MOI, J'AI L'OIE LA PLUS FORTE DE LA RÉGION ET J'EN SUIS FIER !
AYEZ L'OBLIGEANCE DE LA TAILLER, DISCIPLE !...
KNIP
WAAAAAA
LA PLUME, PAS VOTRE MAIN !
TOUT DE MÊME !... AVEC VOTRE GÉNIE, LÀ,... VOUS NE CROYEZ PAS QUE VOUS POURRIEZ INVENTER UNE MACHINE POUR ÉCRIRE ?...
LA MACHINE À ÉCRIRE ?... BON SANG, MAIS C'EST VRAI, ÇA !... JE M'Y METS TOUT DE SUITE !... VOUS, VOUS POUVEZ REMETTRE CETTE PLUME OÙ VOUS L'AVEZ TROUVÉE !
AVEC JOIE, MAÎTRE !
1278
ET TCHAK !
PIK
COINX
AUTRE CHOSE, MAÎTRE ?
TAF
TAF
EUH... RIEN POUR L'INSTANT ! IL FAUT QUE J'ACHÈVE MES PLANS !...

JE SITUE TRÈS BIEN LE PROBLÈME : UN CHARIOT, DONC, UN LEVIER DE DÉGAGEMENT DU CHARIOT, UN LEVIER D'INTERLIGNE, UN BOUTON DE CYLINDRE, ... AH OUI !... UN LEVIER DE RÉGLAGE D'INTERLIGNE EN MÊME TEMPS, LEVIER DE DÉGAGEMENT DU CYLINDRE, PUIS ...
GRAT GRAT
... UN LEVIER DE VERROUILLAGE DU CHARIOT, DES MARGEURS, L'ÉCHELLE GRADUÉE DES MARGEURS, UN GUIDE-LIGNE AVEC PRESSE-CARTE ET DISPOSITIF DE TRAÇAGE DE LIGNES ...
IL FAUT AUSSI UNE PLAQUE ANTI-ROULEMENT ET PUPITRE DE GOMMAGE, SANS OUBLIER LE SUPPORT-PAPIER, LA RÉGLETTE PRESSE-PAPIER, AINSI QU'UNE TOUCHE PASSE-MARGE ET EN MÊME TEMPS, TOUCHE DE RETOMBÉE DES BARRES À CARACTÈRES, UN LEVIER DE RÉGLAGE DU RUBAN, APRÈS QUOI, IL FAUDRA ENCORE ...
Z
...TOUT Y EST ! ON PEUT PASSER À LA RÉALISATION, DISCIPLE !
ZZ...UH ?
AMENEZ-MOI LA BOÎTE DE RESSORTS !
ELLE ARRIVE !
BOLONG KLOIIONG
...TOUTE SEULE !...
ZOÏNG
FOÏNG
KOÏNG
GOÏNG
PTOÏNG
127C
BON ! TOUT A L'AIR DE SE METTRE BIEN EN PLACE !
IL FAUT MAINTENANT CHOISIR UNE DISPOSITION POUR LES CARACTÈRES !... VOYONS VOIR !...

TIENS, J'AI UNE IDÉE : COMMENT QU'ELLE S'APPELLE VOTRE MAMAN ?...
?
MA MAMAN À MOI ?... ELLE SE PRÉNOMME AZERTY !...
...MON GRAND-PÈRE ÉTAIT TCHÈQUE !...
ET TCHAK !
EH BIEN, C'EST PARFAIT, ON VA PARTIR DE LÀ POUR DISPOSER LES CARACTÈRES !
PTOÏNNG
ET VOILÀ !... ENCORE UNE CHOSE DE TERMINÉE !...
"AZERTYUIOPQSDFGHJKLMWXCVBN"... ÇA VEUT PAS DIRE GRAND-CHOSE !
JE TROUVE !
LA CARROSSERIE EST FIXÉE !... ON VA POUVOIR L'ESSAYER !
TOÏNG
TIC TIC TIC TIC TIC TIC TIC TIC TIC TIC TING
ALORS, QUE PENSEZ-VOUS DE MON INVENTION, DISCIPLE ?...
Je la trouve particulièrement géniale, maître !
;+%=$!?/&(3"£°
Ajouterais-je même!
VOUS ALLEZ POUVOIR LE TAPER, VOTRE CURRICUCHOSE, LÀ !...
BEN... JUSTEMENT !
JE VIENS DE M'APERCEVOIR QU'IL DOIT ÊTRE MANUSCRIT, ALORS, SI VOUS POUVIEZ ALLER ME CHERCHER UNE PLUME D'OIE, ME LA TAILLER, ET...
E=mc²
FIN
turk & de groot

Les temps sont durs !

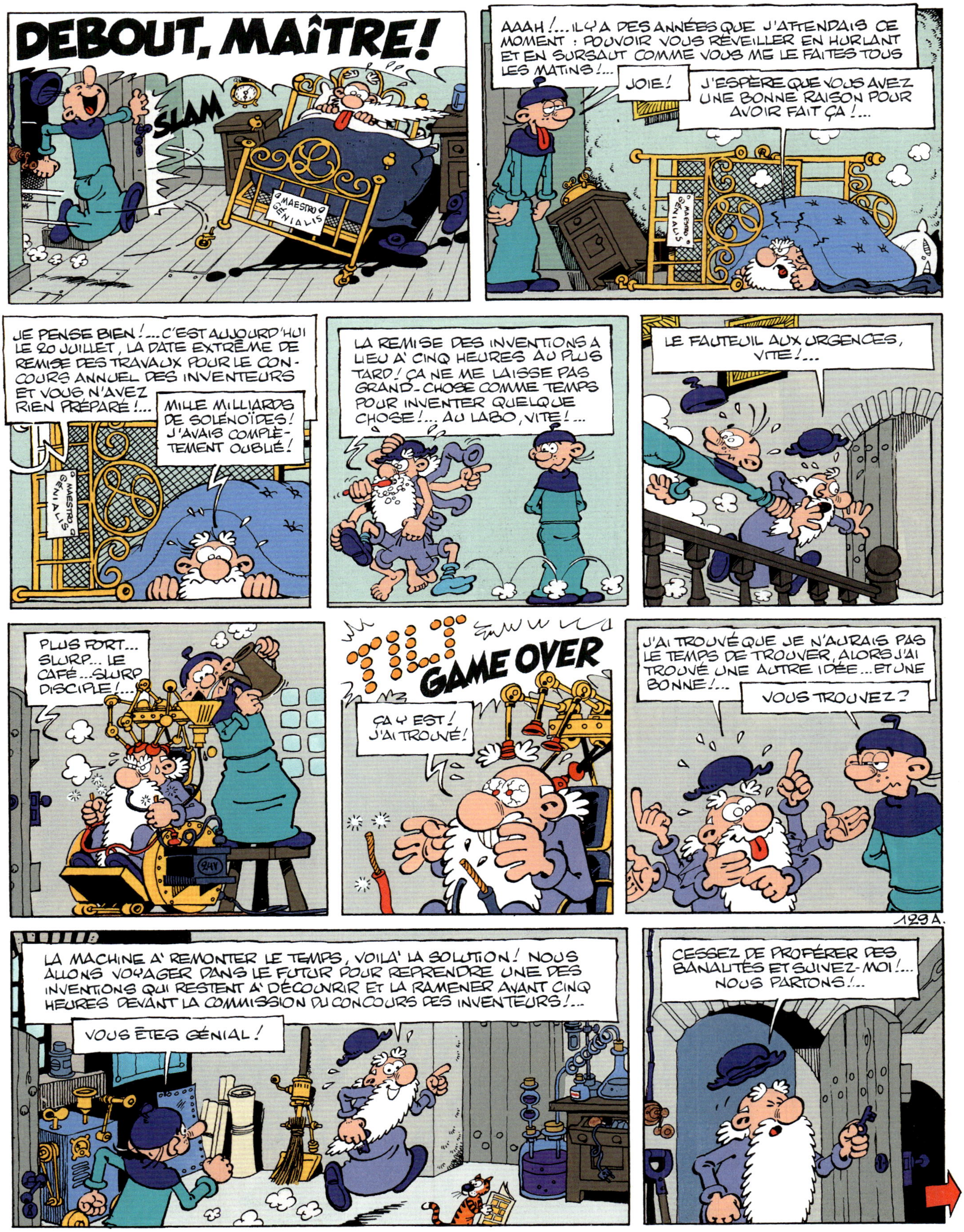

MAIS,...ON VA SE FAIRE REPÉRER AVEC CES VÊTEMENTS !
J'AI AMÉLIORÉ ! VÊTEMENTS ET ARGENT S'ADAPTENT AUX SIÈCLES QUE NOUS ALLONS TRAVERSER !...
DÉPÊCHONS, DÉPÊCHONS !
5... 4... 3... 2... 1... ZÉRO !
DZZZ!!!!
VLOUF
NOUS SOMMES ARRIVÉS !...
C'EST PRÉCISÉMENT CE QUE J'ALLAIS DIRE !
CRAC DEDANS !
UNE CONTREDANSE !... ÇA COMMENCE BIEN !...
UN GRAND MAGASIN !... ÇA C'EST UNE CHANCE !... ICI, NOUS TROUVERONS SÛREMENT QUELQUE CHOSE QUI CONVIENDRA !...
MAIS VITE !... IL EST DÉJÀ QUATRE HEURES ET DEMIE !
GALERIES LANÉNETTE
SOLDES
LÀ
UN COUPE-PAPIER ?... NON !
UN COUPE-CIGARES ?... NON PLUS !
UN COUPE-ONGLES ?
UN COUPE-FILE ?
UN COUPE-GORGE ?
C'EST VOUS QUI N'Y COUPEREZ PAS !... METTRE DU DÉSORDRE DANS MON MAGASIN !

DEHORS!
SOLDES!
CINQ HEURES MOINS QUART!... C'EST FICHU!...
EH!... MAIS J'Y SONGE!... LA MACHINE À REMONTER LE TEMPS!... ELLE N'A JAMAIS ÉTÉ PRÉSENTÉE AU CONCOURS DES INVENTEURS!...
C'EST POURTANT VRAI!...
NOUS ALLONS LA PRÉSENTER!... C'EST UNE IDÉE TELLEMENT GÉNIALE QUE C'EST MOI QUI AURAIS DÛ L'AVOIR!
EN ROUTE: 5...4...3...2...1... ZÉRO!
?
KLIK
EH BEN!?... ÇA FONCTIONNE PAS?...
ATTENDEZ, ÇA VA ÊTRE VITE ARRANGÉ!
BOM BOM
EH NON! C'EST FRAGI...
ÇA Y EST!... COMPLÈTEMENT DÉRÉGLÉ!... OÙ ALLONS-NOUS ABOUTIR, À PRÉSENT?...
128C.
ÇA... ÇA S'ARRÊTE!?...
VLOUF
DEBOUT, MAÎTRE!
SLAM
MAESTRO GÉNIALIS
FIN
TURK & DE GROOT

L'homme des cas : verne

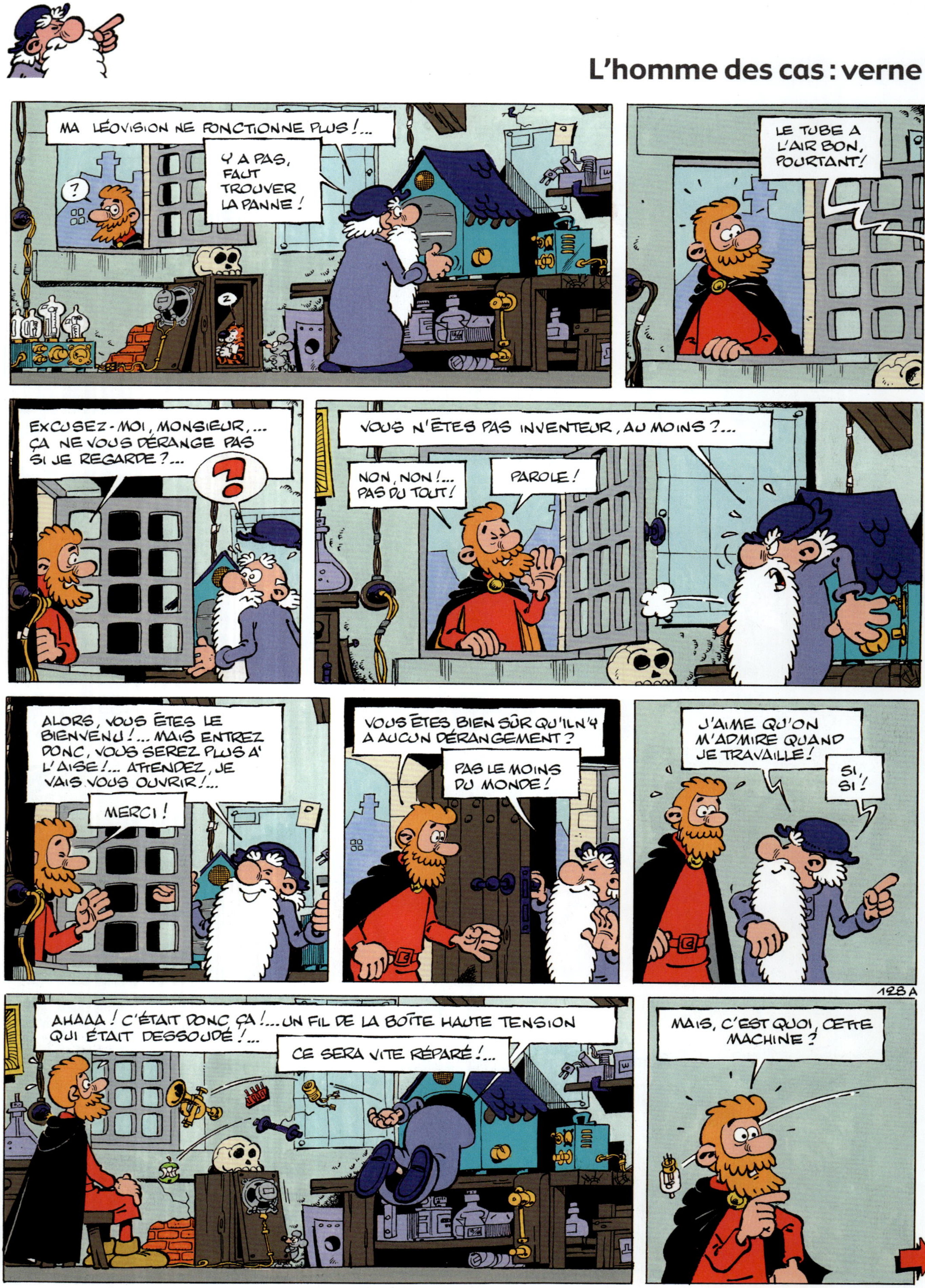

LA LÉOVISION SERT À... COMMENT DIRE... OH!... JE VAIS L'ALLUMER, VOUS COMPRENDREZ MIEUX!...
CHIC!
CLIC!
?
OOOH!... MAIS C'EST MERVEILLEUX!...
N'EST-IL PAS?...
MON DIEU, MAIS OÙ S'ARRÊTERA DONC LE GÉNIE HUMAIN?...
CHEZ LES AUTRES, JE NE PEUX PAS DIRE... CHEZ MOI, NULLE PART!...
ET ENCORE, VOUS NE VOUS DOUTEZ PAS DE TOUT!... DONNEZ-MOI LE TEMPS ET JE M'ARRANGERAI POUR QUE L'HOMME PUISSE ALLER DE LA TERRE À LA LUNE OU PARCOURIR DES MILLIERS DE LIEUES SOUS LES MERS!
PAS POSSIBLE!
SI!... OU BIEN IL SERA POSSIBLE DE FAIRE LE TOUR DU MONDE EN UN MINIMUM DE JOURS!... DIX HUITAINES, PAR EXEMPLE!... OU ENCORE, DANS UN AVENIR PLUS PROCHE, D'ALLER EN BALLON!... JE SAIS DE QUOI JE PARLE, J'Y TRAVAILLE ET C'EST PRESQUE TERMINÉ!...
...C'EST L'AFFAIRE DE 5 SEMAINES!...
VRAIMENT TRÈS INTÉRESSANT!
DITES, ÇA VOUS ENNUIE, SI JE NOTE TOUT ÇA?
PAS LE MOINS DU MONDE!
1288
MAIS... VOUS ÊTES JOURNALISTE, SANS DOUTE?...
NON! ÉCRIVAIN!... MON NOM EST JULES...
DANGER 93,5 V
MADE IN COREA
... JULES VERNE, ET...
WATTS
WATTS
FIN
TURK & DE GROOT

C'est rapé !

...LES LAVANDIÈRES DU PORTUGAL...
TAPTAP
VOTRE LINGE, MAÎTRE !
VOULEZ-VOUS CONNAÎTRE LE FOND DE MA PENSÉE QUANT À LA PROPRETÉ DE CE LINGE ?...
EUH !...
...LES LAVANDIÈRES DU PORTUGAL...
TAP TAP TAP
DÉCIDÉMENT, RIEN NE VAUT UNE MACHINE POUR REMPLACER L'HOMME, QUAND IL S'AGIT D'UN ABRUTI DE VOTRE CALIBRE !...
ALORS, ON LAVE SON LINGE SALE EN FAMILLE ?...
AUSSI M'Y METS-JE À L'INSTANT !
131A
UN PETIT MOTEUR ENTRAÎNANT LE TAMBOUR... ARRIVÉE D'EAU... TIROIR À PRODUIT DE LAVAGE ET DE RINÇAGE SPÉCIAL... MOUAIS... ÇA DEVRAIT MARCHER !...
ON DEMANDE L'ANDOUILLE QUI SERT DE DISCIPLE AU PLUS GRAND GÉNIE DE TOUS LES TEMPS !

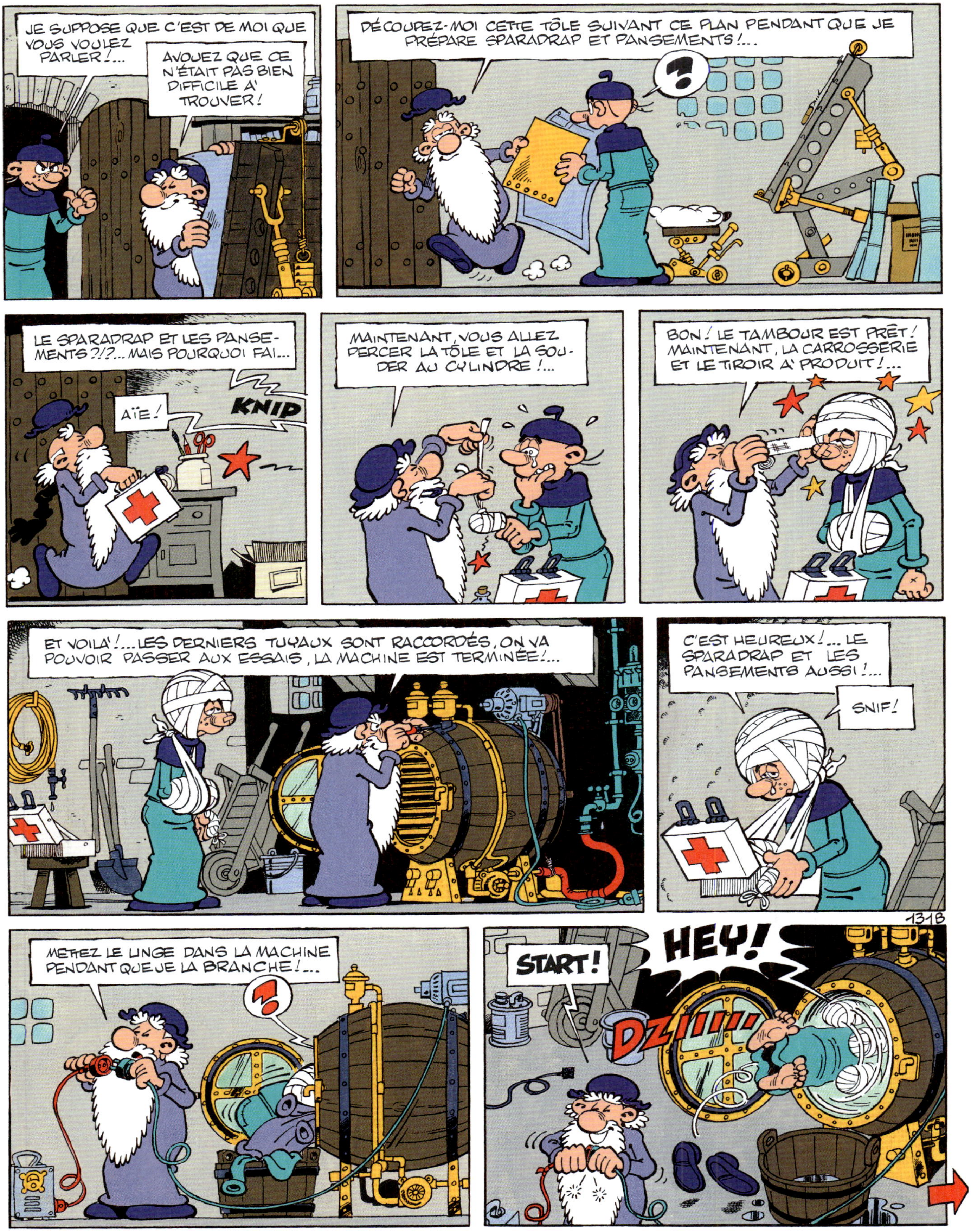
JE SUPPOSE QUE C'EST DE MOI QUE VOUS VOULEZ PARLER !...
AVOUEZ QUE CE N'ÉTAIT PAS BIEN DIFFICILE À TROUVER !
DÉCOUPEZ-MOI CETTE TÔLE SUIVANT CE PLAN PENDANT QUE JE PRÉPARE SPARADRAP ET PANSEMENTS !...
?
LE SPARADRAP ET LES PANSEMENTS ?!?... MAIS POURQUOI FAI...
KNIP
AÏE !
MAINTENANT, VOUS ALLEZ PERCER LA TÔLE ET LA SOUDER AU CYLINDRE !...
BON ! LE TAMBOUR EST PRÊT ! MAINTENANT, LA CARROSSERIE ET LE TIROIR À PRODUIT !...
ET VOILÀ !... LES DERNIERS TUYAUX SONT RACCORDÉS, ON VA POUVOIR PASSER AUX ESSAIS, LA MACHINE EST TERMINÉE !...
C'EST HEUREUX !... LE SPARADRAP ET LES PANSEMENTS AUSSI !...
SNIF !
131B
METTEZ LE LINGE DANS LA MACHINE PENDANT QUE JE LA BRANCHE !...
?
START !
HEY !
DZIIIII

DISCIPLE! TROUVEZ-VOUS QUE LE MOMENT SOIT BIEN CHOISI POUR JOUER?... JE VOUS PRIE DONC DE SORTIR DE LÀ DÈS QUE LA MACHINE AURA TERMINÉ SON PROGRAMME!...
FLOC FLOC
GLUB GLOUB
BLUB
BON, ÇA VA!... LE TAMBOUR N'A PAS SOUFFERT!
LE LINGE A L'AIR D'ÊTRE PROPRE!...
...EN REVANCHE,...
ON DLIRAIT QUE CL'EST LOUPLÉ, VLOTRE INVLENTION, LÀ!...
SACHEZ, JEUNE HOMME QUE LÉONARD NE LOUPE JAMAIS RIEN!...
...ET TOUT N'EST QU'UNE QUESTION D'ADAPTATION DE L'INVENTION À SES PLUS JUSTES POSSIBILITÉS! VENEZ!
?
...VOUS VOUS RENDEZ COMPTE?... CINQ KILOS DE GRUYÈRE RÂPÉ EN TRENTE SECONDES!
FROMAGERIE
DE MEUVOIR SYBEL HANSEMYROIR
Fromages nobles
FABULEUX!... J'ACHÈTE!
FIN
TURK & DE GROOT. 131 C

Viens bouboule !

TOUT COMPTE FAIT, DISCIPLE, VOUS AVIEZ PEUT-ÊTRE RAISON, EN AFFIRMANT QUE LA BOULE DE MON "LÉOBILBOQUET" ÉTAIT UN TANTINET TROP GRANDE ...
LÉONARD GÉNIE
FIN
TURK & DE GROOT 126B

Cabot de famille

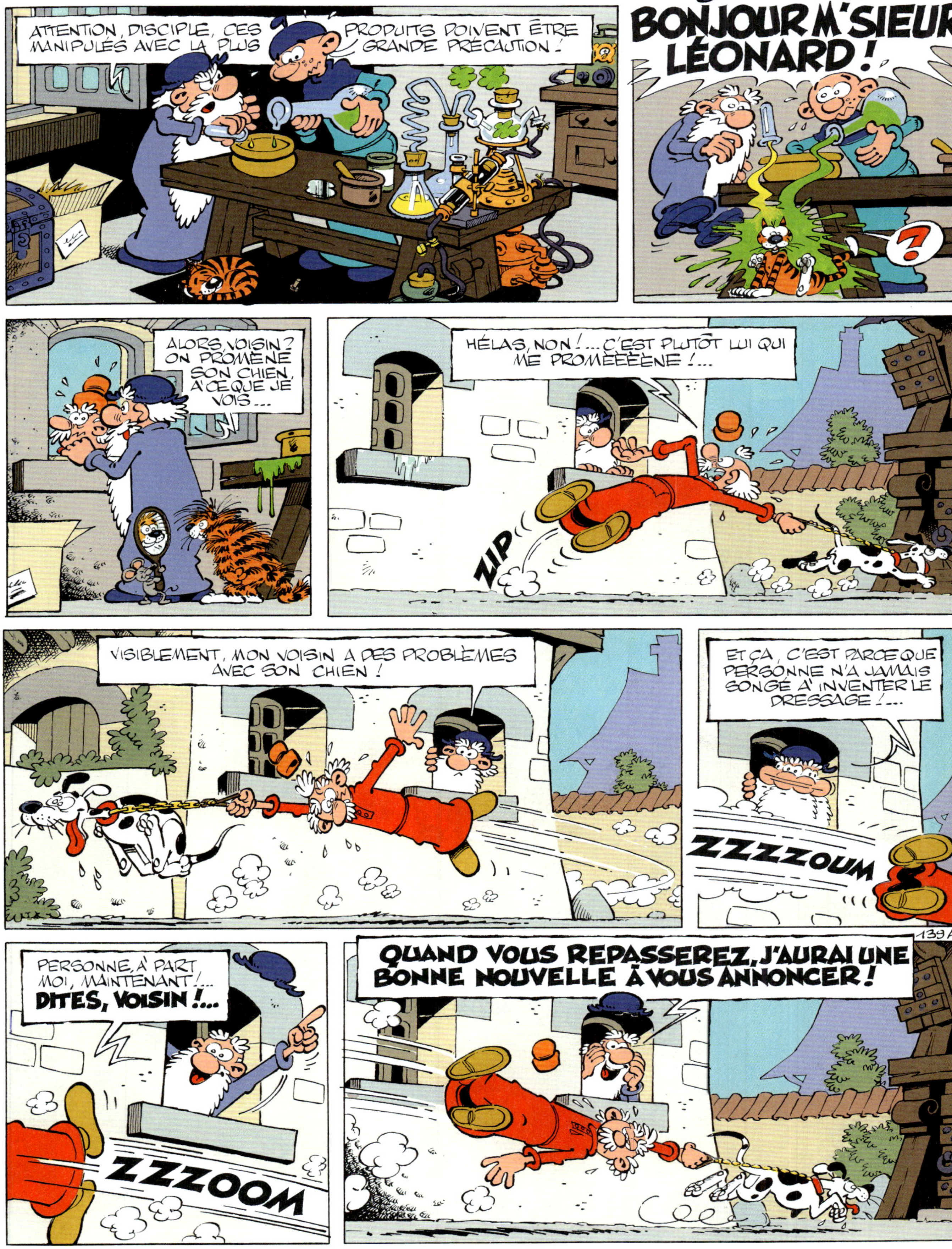

DISCIPLE, NOUS ALLONS AIDER NOTRE VOISIN ! ALLEZ CHERCHER SON CHIEN !
J'Y COURS, MAÎTRE !
YAAAW !
PENDANT CE TEMPS, JE M'EN VAIS PRÉPARER UN PLAN D'ENTRAÎNEMENT !
AH ! JE VOIS QUE VOUS AVEZ PLEINEMENT RÉUSSI VOTRE MISSION, DISCIPLE !
JE SUIS UN MORDU DE LA RACE CANINE !
MOI
GRRR
EH BIEN, PARFAIT. RIEN NE NOUS EMPÊCHE DE COMMENCER, ALORS, ALLONS-Y !
AU PIED !
QUE SIGNIFIE CE VOCABLE PRIMAIRE ?...
"AU PIED" C'EST PAS COMPLIQUÉ, TOUT DE MÊME !...
UN PIED, C'EST ÇA !
?
139 B
AGLL !
ARGN
EXCUSEZ-MOI !... NE VOYEZ SURTOUT PAS LÀ UNE MARQUE D'AGRESSIVITÉ !... C'EST L'INSTINCT QUI N'EST JAMAIS QU'UN PREMIER MOUVEMENT QUI NOUS DIRIGE DANS NOTRE CONDUITE. UNE IMPULSION NATURELLE EN QUELQUE SORTE !...

RIEN NE VAUT UN BON EXEMPLE ! VENEZ, DISCIPLE, ON VA LUI MONTRER !
ASSIS !
JE N'AIME PAS SA FAÇON DE JOUER !...
ARF !
CHUMP
COUCHÉ !
...LE TRAC PEUT-ÊTRE ?
STOMP
C'EST PAS SORCIER TOUT DE MÊME !...
ET VOUS AURIEZ VOULU QUE JE MIMASSE CET INDIVIDASSE... EUH... DU ?
EST-CE BIEN RAISONNABLE ?
ENFIN !... SI ÇA PEUT FAIRE VOTRE BONHEUR !...
1497
ASSIS !
HOP !
ZIP
COUCHÉ !
UN INSTANT, JE VOUS PRIE !
COUCHÉ, J'AI DIT !
UN INCHTANT, J'AI DIT !...
FROT FROT
TROMP TROMP
ET VOILÀ LE TRAVAIL !...
JE PEUX MÊME FAIRE SEMBLANT DE DORMIR, SI ON VEUT...
Z
...SI VOUS VOYEZ CE QUE JE VEUX DIRE ?
ÇA NE VA PAS !... ÇA NE VA MÊME PAS DU TOUT !
POURTANT NUL NE PEUT NIER QUE J'AI TENTÉ DE JOINDRE NOS DEUX POINTS DE VUE PAR LE PONT DE L'EFFORT !
NIF-NIF !

J'AI UN PETIT COUP DE BARRE, MOI ! WAAH !
JE ?!
QUELLE HISTOIRE DEPRIMANTE !
NIFNIF
TIENS, TOI !
SHOT
QUANT À TOI... À NOUS DEUX !
MAIS ENFIN, MONSIEUR, RESTONS CALMES !
KAÏK KAÏK KAÏK
EST-CE QUE JE M'ÉNERVE, MOI ?
...
JE ME DEMANDE QUI M'A FICHU UN CLÉBARD PAREIL ?
MON DIEU, COMME TOUS CES CRIS SONT DÉSAGRÉABLES À MES TYMPANS
ET LE VOISIN QUI VA ARRIVER DANS QUELQUES MINUTES !
FAUT TROUVER QUELQUE CHOSE !...
BON SANG, MAIS C'EST POURTANT VRAI ! COMMENT N'Y AS-TU PAS SONGÉ PLUS TÔT, PETIT BRIGAND !...
HOU ! JE VAIS TE GRONDER !
DRRRING
AH ! C'EST LE VOISIN !
ALLEZ, VIENS, TOI !
ÉVIDEMMENT, IL N'EST PAS PURE RACE, COMME L'AUTRE, MAIS IL OBÉIRA MIEUX !
FIN
TURK & DE GROOT + BRETON